はじめに

　本書を手に取っていただき、ありがとうございます。
　この本は、ハングルを読めるようになりたい方に、一番最初に手に取ってもらいたい一冊です。
　韓国でも大人気のハローキティ、シナモン、クロミなどのサンリオキャラクターたちと一緒に、韓国語の文字「ハングル」の読み方と書き方の基本ルールを理解し、簡単なフレーズを使えるようになるために作られた、スタートブックの1冊です。
　本書は、初めて韓国語に触れる方がハングル文字の読み方を簡単に身につけていただけるように、簡潔かつ分かりやすく解説することを心がけました。日本語母語話者が苦手なパッチムや、発音変化も丁寧に説明したので、すでに学習したことのある方も、このテキストでぜひ復習してみてください。かわいいキャラクターたちと一緒に学ぶことで、ハングル文字や単語がみるみる読めるようになるでしょう。
　最近はK-POPだけでなく、ドラマや映画、など韓国のエンターテインメントが世界的に注目され、それに伴って、彼らが話す言葉を理解したい、自分も話したいと、韓国語への関心も高まってきています。そして実際に韓国へ旅行に行ったり、韓国人と友達になったりする機会も増えてきています。隣国の言葉を学び文化を理解することは、両国の相互理解を深めることです。韓国語教育に携わるものとして、こうした流れは大変うれしいことです。
　哲学者ルートヴィヒ・ヴィトゲンシュタインは「私の言語の限界が、私の世界の限界を意味する」と言いました。言語を学ぶことは、自身の世界や可能性を広げることになるということです。
　本書が、韓国語を学ぼうとしている方々の手に触れられて、新しい世界への扉を開くお手伝いができたらと心から願っています。

丹羽裕美

本書の使い方

本書は、ハングルを読めるようになるための一冊です。
ハングルの子音と母音を紹介しており、主に「子音を学ぶページ」と「おさらいページ」にわかれています。

子音を学ぶページ

❶ このページで学ぶ子音を紹介しています。
❷ 母音を組み合わせると、どのような形や発音になるのかを示しています。
❸ 子音と母音を組み合わせてできた語を使用する、初心者向けの単語をイラストとともに紹介しています。
❹ このトラック番号で、該当の子音に関連する単語の音声を再生できます。

おさらいページ

❶ それまでのページで勉強したハングルを使った単語について、読み方を問う問題が9問あります。ハングルの読みが隠れているので、何と読むか考えましょう。
❷ 日本語の意味を掲載しています。
❸ 問題の答えが書いてあるので、自分の予想した読み方があっていたかどうか答え合わせをしましょう。

音声について

本書に掲載されている単語やフレーズの音声が収録されています。お使いの端末に応じて、以下の手順でご利用ください。

▶スマホやタブレットをお使いの方
①右の二次元コードを読み取るか、URLにアクセスして、音声再生アプリ「my-oto-mo（マイオトモ）」をダウンロードしてください。
②アプリを立ち上げて『サンリオキャラクターズと韓国語スタートブック ハングルを読めるようになろう！』を選択してください。

▶パソコンをお使いの方
①右のURLにアクセスして、ページ下部にある【語学・検定】の『サンリオキャラクターズと韓国語スタートブック ハングルを読めるようになろう！』のリンクをクリックし、zipファイルをダウンロードしてください。
②ファイルを解凍してください。音声番号ごとにmp3ファイルが収録されています。再生するには、Windows Media PlayerやiTunesなどの再生ソフトが必要です。

https://gakken-ep.jp/extra/myotomo/

（注意事項）
・お客さまのネット環境やご利用の端末により、音声の再生やアプリの利用ができない場合、当社は責任を負いかねます。
・アプリは無料ですが、通信料はお客さまのご負担になります。

本書では、はじめて韓国語を学ぶ方のため、ハングルの単語やフレーズにカタカナの読み方を示してあります。ネイティブスピーカーの発音に近づけるように表記を工夫していますが、正確に表すことには限度があります。あくまで目安としてとらえ、音声を聞いて正しい発音をご確認ください。

005

目次

はじめに …………… 003
本書の使い方 …………… 004
目次 …………… 006
この本に登場する主なサンリオキャラクターズ …………… 008

CHAPTER 1　韓国語の基本

- 韓国語について …………… 012
- ハングル文字のしくみ …………… 013
- 母音字の成り立ち …………… 015
- 基本母音（母音字）…………… 016
- ハングル読めるかな？ …………… 020

CHAPTER 2　子音を覚えよう①（鼻音、流音）

- 子音字の基本 …………… 022
- 子音（鼻音）ㄴ [n] …………… 024
- 子音（鼻音）ㅁ [m] …………… 027
- 子音（流音）ㄹ [r] …………… 030
- ハングル読めるかな？ …………… 033
- 鼻音と流音のパッチムについて …………… 034
- ハングル読めるかな？ …………… 036

CHAPTER 3　子音を覚えよう②（平音）

- 子音（平音）ㄱ [k/g] …………… 038
- ハングル読めるかな？ …………… 041
- 子音（平音）ㄷ [t/d] …………… 042
- ハングル読めるかな？ …………… 045
- 子音（平音）ㅂ [p/b] …………… 046
- ハングル読めるかな？ …………… 049
- 子音（平音）ㅅ [s] …………… 050
- ハングル読めるかな？ …………… 053
- 子音（平音）ㅈ [tʃ/dʒ] …………… 054
- ハングル読めるかな？ …………… 057
- 子音（平音）ㅎ [h] …………… 058
- ハングル読めるかな？ …………… 061
- 【COLUMN】有声音化って？ …………… 062

CHAPTER 4 子音を覚えよう③（激音、濃音）

- 子音字の成り立ち ……………… 064
- 子音（激音）ㅋ [kʰ] ……………… 066
- 子音（激音）ㅌ [tʰ] ……………… 069
- 子音（激音）ㅍ [pʰ] ……………… 072
- 子音（激音）ㅊ [tʃʰ] ……………… 075
- ハングル読めるかな？ ……………… 078
- 子音（濃音）ㄲ [ʔk] ……………… 079
- 子音（濃音）ㄸ [ʔt] ……………… 082
- 子音（濃音）ㅃ [ʔp] ……………… 085
- 子音（濃音）ㅆ [ʔs] ……………… 088
- 子音（濃音）ㅉ [ʔtʃ] ……………… 091
- ハングル読めるかな？ ……………… 094

CHAPTER 5 複合母音を覚えよう

- 複合母音 ……………… 096
- ハングル読めるかな？ ……………… 100

CHAPTER 6 パッチムと発音の変化

- 詰まる（口音）パッチム ……………… 102
- 複合パッチム ……………… 106
- パッチムのまとめ ……………… 107
- 連音化 ……………… 108
- ㅎパッチムの消音化 ……………… 111
- 鼻音化 ……………… 112
- 濃音化 ……………… 113
- 激音化 ……………… 114

日本語のハングル表記 ……………… 116
「ハングル」の表 ……………… 118

この本に登場する主な サンリオキャラクターズ

ハローキティ

 ハローキティ
 ミミィ
 パパ
 ママ
 ダニエル スター
 タイニーチャム

シナモロール

 ロッティ
 ジョーイ
 シナモン
 モカ
 みるく
 シフォン

クロミ **マイメロディ**

 カプチーノ
 エスプレッソ
 クロミ
 バク
 マイメロディ
 ピアノちゃん

 フラットくん
 りすくん
 リズムくん
 おとうさん
 おかあさん
 おじいちゃん

ポムポムプリン

 おばあちゃん
 プリン
 マフィン
 ベーグル
 パパ
 ママ

		ポチャッコ				ハンギョドン

おじいちゃん	おばあちゃん	ポチャッコ	ピーちゃんズ	ポップル		ハンギョドン

	けろけろけろっぴ					
さゆり	けろっぴ	けろりーぬ	ノーベルン	キョロスケ		ガンタ

バッドばつ丸			タキシードサム		あひるのペックル
ばつ丸	グッドはな丸	伊集院パンダバ	サム	チップ	ペックル

	リトルツインスターズ		こぎみゅん	ぐでたま	
ピッチ・チャップ・ラン	キキ	ララ	こぎみゅん	ぐでたま	ニセたま

コロコロクリリン	ウィッシュミーメル	チャーミーキティ	マロンクリーム	まるもふびより	シュガーバニーズ
クリリン	メル	チャーミー	マロンクリーム	モップ	しろうさ

	チョコキャット	KIRIMIちゃん.	ウサハナ	ぼんぼんりぼん	おさるのもんきち
くろうさ	チョコキャット	KIRIMIちゃん.	ハナ	ぼんぼんりぼんちゃん	もんきち

ザ ボードビルデュオ		ルロロマニック		みんなのたあ坊	
エディ	エミィ	ベリー	チェリー	たあ坊	まあくん

ニャニィニュニェニョン	てのりくま	ザシキブタ	ゴロピカドン	チアリーチャム	
ニャ・ニィ・ニュ・ニェ・ニョン	ラッテくん	ザシキブタ	ゴロ・ピカ・ドン	チャム	プー

パティ&ジミー	
パティ	ジミー

화이팅！…「頑張れ！」や「ファイト！」といった意味を持つ言葉。友人や仲間を応援したり、自分を鼓舞するときに使われ、カジュアルな表現として親しい間柄でよく用いられます。

韓国語について

使われている地域

朝鮮半島（大韓民国・朝鮮民主主義人民共和国）をはじめ、ロシア、中国、アメリカ、日本などに話し手がいます。このような「地域」で使われる言語として、学術分野などでは「朝鮮語」という呼び方が使われます。本書では大韓民国（韓国）の標準語という意味で「韓国語」を用います。

ハングル文字

韓国語は**ハングル**という名称の文字を使います。ハングル文字の個々のパーツは音を表しています。子音と母音の組み合わせで1文字が構成されているので、ローマ字を読む感覚で見てみると読めるようになります。
例えば、『ナ』(na)にあたる「나」という文字は、「ㄴ」(n)という子音字と「ㅏ」(a)という母音字で表します。子音字を「ㄹ」(r)に変えると「라」(ra)『ラ』になります。

子音		母音		
n		a		na
ㄴ	+	ㅏ	=	나
r		a		ra
ㄹ	+	ㅏ	=	라

ハングル文字のしくみ

文字の構成

ハングル文字は、子音字が19個、母音字が21個、計40個を組み合わせます。

⭐ **基本母音字**

ㅏ ㅑ ㅓ ㅕ ㅗ ㅛ ㅜ ㅠ ㅡ ㅣ

⭐ **基本子音字**

ㄱ ㄴ ㄷ ㄹ ㅁ ㅂ ㅅ ㅇ ㅈ ㅊ ㅋ ㅌ ㅍ ㅎ

⭐ **複合母音字**

ㅐ ㅒ ㅔ ㅖ ㅘ ㅙ ㅚ ㅝ ㅞ ㅟ ㅢ

⭐ **複合子音字**

ㄲ ㄸ ㅃ ㅆ ㅉ

これらの子音字と母音字を組み合わせて、ローマ字のように1文字を構成します。

> 子音字 + 母音字

よこ型とたて型があります。

> **よこ型** 母音字が ㅏ、ㅑ、ㅓ、ㅕ、ㅣ の場合、左に子音字を書きます。

> **たて型** 母音字が ㅗ、ㅛ、ㅜ、ㅠ、ㅡ の場合、上に子音字を書きます。

| 子音字 | 母音字 |

| 子音字 |
| 母音字 |

例 ㅎ + ㅏ = 하
子音h　母音a　ha

例 ㄱ + ㅜ = 구
子音k　母音u　ku

> 子音字 + 母音字 + 子音字

よこ型とたて型の下に、子音字を書きます。この子音字を**パッチム**といいます。パッチム（받침）は「下敷」や「支え」という意味です。

> **よこ型**
| 子音字 | 母音字 |
| 子音字（パッチム） |

> **たて型**
| 子音字 |
| 母音字 |
| 子音字（パッチム） |

例 ㅎ + ㅏ + ㄴ = 한
子音h 母音a 子音n　han

例 ㄱ + ㅜ + ㄱ = 국
子音k 母音u 子音k　kuk

母音字の成り立ち

母音を表す文字を「母音字」と言います。長い横棒は「地」を、縦棒は「人」を表します。そして、短い棒は古い文献には「・」で記述されていて「天」を表しています。
つまり母音字は、「天、地、人」の交わりを表しているのです。

母音字は、この世が陰と陽の気から成り立っているという「陰陽説」の世界観を反映しているといわれています。「陰陽説」を簡単に言えば、「陰」は暗く、青や白、「陽」は明るく、赤のイメージです。例えば、韓国の国旗「太極旗　태극기（テグッキ）」の白地の中央には青と赤の２色からなる大きな丸が描かれています。これも「陰陽」を表しています。

基本母音（母音字）

母音字の読み方を詳しく学ぶ前に、日本語と比較してみましょう。

日本語	あ	い	う	え	お
韓国語	ㅏ	ㅣ	ㅜ	ㅔ	ㅗ
			ㅡ	ㅐ	ㅓ

「う」「え」「お」が2つずつあります。上の段の文字は日本語とほぼ同じように読みますが、下の段にある文字は日本語にない音なので、次のページから練習するときには、説明に書いてある通りに読んでみましょう。

次にヤ行を見てみましょう。韓国語はヤ行を母音とみなします。形が上の表とよく似ています。「あ」ㅏに1本短い線が加わると「や」ㅑになります。「う」ㅜに1本短い棒が加わると「ゆ」ㅠになります。「お」ㅗ、ㅓも同じように「よ」ㅛ、ㅕになっています。

日本語	や	ゆ	よ	いぇ
韓国語	ㅑ	ㅠ	ㅛ	ㅖ
			ㅕ	ㅒ

ハングルは子音と母音を組み合わせて1文字になるので、母音単独の場合は無音の子音「ㅇ」を組み合わせることになります。

母音

母音のときは、無音を表す子音字「ㅇ」と母音字を合わせて表記します。

🎵 TRACK 001

1 韓国語の基本

日本語の「ア」の発音

아 発音 a
ア

아기 アギ | 意味 赤ちゃん
아이돌 アイドル | 意味 アイドル

아と同じ口の形で「ヤ」

야 発音 ya
ヤ

야채 ヤチェ | 意味 野菜
야경 ヤギョン | 意味 夜景

日本語の「オ」より唇をやや広げて発音

어 発音 ɔ
オ

어때요? オッテヨ | 意味 どうですか?
어른 オルン | 意味 大人

017

ワンポイントアドバイス

ㅓ、ㅗは「オ」と読みますが、口の形が違うので音が違います。ㅗは唇を丸めて突き出しますが、ㅓは口をやわらかく広げて、喉の奥から「オ」と発音しましょう。

🎵 TRACK 002

ハングル読めるかな？

番号で隠れているところの読み方を答えましょう。答えはページの下部にあります。

오	이	아	이
①	②	③	イ

意味：5（数） ／ 意味：2（数） ／ 意味：子ども

오	이	이	어	아	야
オ	④	イ	⑤	ア	⑥

意味：きゅうり ／ 意味：続いて、間もなく ／ 意味：痛いっ！

여	우	여	유	우	유
ヨ	⑦	⑧	ユ	ウ	⑨

意味：キツネ ／ 意味：余裕 ／ 意味：牛乳

①…オ／②…イ／③…ア／④…イ／⑤…オ／⑥…ヤ／⑦…ウ／⑧…ヨ／⑨…ユ

CHAPTER 2
子音を覚えよう①
(鼻音、流音)

할 수 있어!

할 수 있어!…「できるよ！」という可能の意味を持つ言葉。「私は〇〇ができる。」と伝えたり、自分や友人など親しい相手に対して「きっとできるよ。」と励ましたりするときにも用います。

子音字の基本

韓国語の子音には、大きく分けて口音・鼻音・流音の3種類の音があります。

口音	平音	ㅂ	ㄷ	ㅅ	ㅈ	ㄱ	ㅎ
	激音	ㅍ	ㅌ		ㅊ	ㅋ	
	濃音	ㅃ	ㄸ	ㅆ	ㅉ	ㄲ	
鼻音		ㅁ	ㄴ			ㅇ	
流音			ㄹ				

▶ 口音

鼻に息が抜けずに口から出る音です。口音はさらに平音・激音・濃音の3つに分かれます。

- **平音**…息を伴わずに出す音。母音字ㅏをつけると
  바（パ/バ）・다（タ/ダ）・사（サ）・자（チャ/ヂャ）・가（カ/ガ）・하（ハ）

- **激音**…息を伴った有気音。母音字ㅏをつけると
  파（パ）・타（タ）・차（チャ）・카（カ）

- **濃音**…息を伴わずに喉を緊張させて出す無気音。母音字ㅏをつけると
  빠（ッパ）・따（ッタ）・싸（ッサ）・짜（ッチャ）・까（ッカ）

▶ 鼻音

無意識に鼻から息が抜けている音。母音字ㅏをつけると
마（マ）・나（ナ）・아（ア）

流音

英語の「r」と「l」の音。母音ㅏをつけると

라（ラ）

これらの子音字には名称があります。
韓国語の辞書には、子音が次のように並んでいます。

ㄱ：기역（キヨク） → ㄲ：쌍기역（ツサンキヨク） → ㄴ：니은（ニウン） → ㄷ：디귿（ティグッ） → ㄸ：쌍디귿（ツサンティグッ） →
ㄹ：리을（リウル） → ㅁ：미음（ミウム） → ㅂ：비읍（ピウプ） → ㅃ：쌍비읍（ツサンピウプ） → ㅅ：시옷（シオッ） →
ㅆ：쌍시옷（ツサンシオッ） → ㅇ：이응（イウン） → ㅈ：지읒（チウッ） → ㅉ：쌍지읒（ツサンチウッ） → ㅊ：치읓（チウッ） →
ㅋ：키읔（キウク） → ㅌ：티읕（ティウッ） → ㅍ：피읖（ピウプ） → ㅎ：히읗（ヒウッ）

SNSなどでは、絵文字のような略語が流行しており、子音だけで意味を伝えることができます。例えば、「ㅋㅋㅋ」（ククク）や「ㅎㅎㅎ」（フフフ）は、日本語の（笑）やwwwというような意味を表します。

他によく使う略語を見てみましょう。

略語	韓国語	日本語訳
ㄱㅅ	감사（カムサ）	感謝、ありがとう
ㅇㅋ	오케이（オケイ）	OK
ㅂㅂ	바이바이（バイバイ）	バイバイ
ㅇㅇ	응응（ウンウン）	うんうん
ㅅㄱ	수고（スゴ）	おつかれ
ㅊㅋ	축하（チュカ）	おめでとう
ㅅㄹㅎ	사랑해（サランヘ）	愛してる

これらは、言葉遊びのようなものです。親しい人にだけ使いましょう。

子音（鼻音）
発音 **m**

ㅁ

「ㅁ」は「マ行」の音です。

TRACK 004

2 子音を覚えよう① （鼻音、流音）

母音「ㅏ(a)」と合わせると…

発音
마 ma
マ

| 마늘 マヌル | 意味 にんにく |
| 이마 イマ | 意味 おでこ |

母音「ㅑ(ya)」と合わせると…

発音
먀 mya
ミャ

| 먀우먀우 ミャウミャウ | 意味 ミャーミャー（猫の鳴き声を真似たネット用語） |
| 먠 ミャン | 意味 ごめん（미안を略したネット用語） |

母音「ㅓ(ɔ)」と合わせると…

発音
머 mɔ
モ

| 머리 モリ | 意味 頭、髪 |
| 어머니 オモニ | 意味 お母さん |

027

子音（流音）

ㄹ

発音 **r**

「ㄹ」は「ラ行」の音です。

♪ TRACK 005

母音「ㅏ(a)」と合わせると…

라　発音 **ra**
ラ

- 라이브　ライブ — 意味 ライブ
- 라면　ラミョン — 意味 ラーメン

母音「ㅑ(ya)」と合わせると…

랴　発音 **rya**
リャ

- 수량　スリャン — 意味 数量
- 대략　テリャク — 意味 おおよそ

母音「ㅓ(ɔ)」と合わせると…

러　発音 **rɔ**
ロ

- 달러　ダルロ — 意味 ドル
- 여러분　ヨロブン — 意味 皆さん

ここまでのおさらい♪ ♪TRACK 006
ハングル読めるかな？

番号で隠れているところの読み方を答えましょう。答えはページの下部にあります。

머	리
モ	①

意味: 頭

무	리
②	リ

意味: 無理

유	리
③	リ

意味: ガラス

요	리
④	リ

意味: 料理

어	머
⑤	モ

意味: あら、まあ

미	모
⑥	モ

意味: 美貌

오	리
⑦	リ

意味: あひる

나	무
⑧	ム

意味: 木

노	력
⑨	リョク

意味: 努力

①…リ／②…ム／③…ユ／④…ヨ／⑤…オ／⑥…ミ／⑦…オ／⑧…ナ／⑨…ノ

2 子音を覚えよう①（鼻音、流音）

鼻音と流音の
パッチムについて

> 鼻音について

ㄴ、ㅁ、ㅇがパッチムの位置にくると「ン」の音になります。ただし、口の形が違うので音が異なります。発音のコツを見ながら言ってみましょう。

| ㄴ〔n〕 例 안 アン | ㅁ〔m〕 例 암 アンム | ㅇ〔ŋ〕 例 앙 アン |

> 発音のコツ

日本語の母語話者は「ン」を1つの音として認識していますが、実は日本語でも異なる「ン」を自然に発音しているのです。

ㄴ〔n〕…「あんドーナッツ」の「アン」の音です。ㄴは唇をやや開けた状態で、舌先を上歯の裏の歯茎につけて鼻から息を抜くように発音します。

ㅁ〔m〕…「あんパン」の「アンム」の音です。ㅁは唇を閉じて鼻から息を抜くように発音します。より発音に近くするために「ㅁ」パッチムを「ム」と表記します。口を閉じて発音を終えます。

ㅇ〔ŋ〕…「あんこ」の「アン」の音です。ㅇは舌の奥を上あごの天井の奥につける意識で、鼻から息を抜くように発音します。唇、舌、歯、どこにも触れず喉から音を出すため、口は自然に開いたまま発音を終えます。

> **流音について**

流音の子音字「ㄹ」がパッチムの位置にくると英語のl（エル）の音になります。

ㄹ〔l〕 **例** 알
　　　　　　 ア ル

> **発音のコツ**

ㄹ〔l〕…「ル、ル、ル」と発音してみましょう。舌が上あごの天井に触れてから離れます。その離れた舌をもとの位置に戻してみましょう。舌は天井につけたまま「ル」と息を出してみます。それがㄹ〔l〕パッチムの音です。

また、몰라요のようにㄹパッチムの次の文字もㄹの場合は、舌を天井につけたまま「ル」を1.5拍（少し長く）発音すると、2つのㄹを発音したことになります。

> **練習**　　　　　　　　　　　　　　　🎵 TRACK 007

鼻音と流音のパッチムの口の形に注意して練習しましょう。

눈　　　　意味：目、雪
ヌン

물　　　　意味：水
ムル

양　　　　意味：ひつじ
ヤン

몸　　　　意味：体
モム

만남　　　意味：出会い
マンナム

일류　　　意味：一流
イルリュ

몰라요　　意味：わかりません
モルラヨ

035

🎵 TRACK 008

ハングル読めるかな？

番号で隠れているところの読み方を答えましょう。答えはページの下部にあります。

엄마	야옹	멍멍
① マ	ヤ ②	③
意味 ママ	意味 ニャー 猫の鳴き声	意味 ワンワン 犬の鳴き声

라인	눈물	마음
ラ ④	⑤	マ ⑥
意味 LINE	意味 涙	意味 心

열	운명	안녕
⑦	⑧	⑨
意味 熱	意味 運命	意味 こんにちは

①…オム／②…オン／③…モンモン／④…イン／⑤…ヌンムル／⑥…ウム／⑦…ヨル／⑧…ウンミョン／⑨…アンニョン

CHAPTER 3
子音を覚えよう②
(平音)

같이 힘내자!

같이 힘내자!…「一緒に頑張ろう!」という意味を持つ言葉。「あなたは1人ではないよ。」と慰めたり、「あなたを支えていくよ。」という応援の気持ちを伝えたりするときに用います。

子音（平音）

ㄱ

発音 **k/g**

「ㄱ」は「カ行」の音です。
「ㄱ」が単語の先頭以外に出てきたら
「ガ行」になります。

♪ TRACK 009

母音「ㅏ(a)」と合わせると…

가 ka
カ

가루 カル	意味 粉
가족 カ ヂョク	意味 家族

母音「ㅑ(ya)」と合わせると…

갸 kya
キャ

갸름하다 キャルマダ	意味 細長い
달걀 タルギャル	意味 卵

母音「ㅓ(ɔ)」と合わせると…

거 kɔ
コ

거리 コリ	意味 通り
거품 コプム	意味 泡

ここまでのおさらい♪ 🎵 TRACK 010
ハングル読めるかな？

番号で隠れているところの読み方を答えましょう。答えはページの下部にあります。

3 子音を覚えよう② (平音)

가 을	겨 울	감 기
① ウル	② ウル	③ ギ
意味 秋	意味 冬	意味 風邪

거 울	경 기	강 남
④ ウル	⑤ ギ	⑥ ナム
意味 鏡	意味 競技	意味 江南（ソウルの地域）

고 양이	공	그 냥
⑦ ヤンイ	⑧	⑨ ニャン
意味 猫	意味 ボール	意味 そのまま

①…カ／②…キョ／③…カム／④…コ／⑤…キョン／⑥…カン／⑦…コ／⑧…コン／⑨…ク

041

ㄷ

子音（平音）

発音 t/d

ㄷは「タ行」の音です。
「ㄷ」が単語の先頭以外に出てきたら「ダ行」になります。

♪ TRACK 011

母音「ㅏ(a)」と合わせると…

다 — 発音 ta / タ

韓国語	意味
다리 （タリ）	足
다이어트 （タイオトゥ）	ダイエット

母音「ㅑ(ya)」と合わせると…

댜 — 発音 tya / ティャ

韓国語	意味
어댜？ （オディャ）	どこだ？（어디야？の略）

母音「ㅓ(ɔ)」と合わせると…

더 — 発音 tɔ / ト

韓国語	意味
더 （ト）	もっと
더하기 （トハギ）	足し算

042

ワンポイントアドバイス

「ㄷ」を使った単語のうち、先頭にあるㄷは「タ行」、先頭以外は「ダ行」で発音するのがポイント。次の「ハングル読めるかな？」でチャレンジしてみましょう！

> ここまでのおさらい♪

🎵 TRACK 012

ハングル読めるかな？

番号で隠れているところの読み方を答えましょう。答えはページの下部にあります。

다	음
①	ウム

意味　次

돈
②

意味　お金

달
③

意味　月

돌
④

意味　石

당	근
⑤	グン

意味　にんじん

도	움
⑥	ウム

意味　助け

등
⑦

意味　背中

동	그라미
⑧	グラミ

意味　丸

만	두
マン	⑨

意味　ぎょうざ

3 子音を覚えよう②（平音）

①…タ／②…トン／③…タル／④…トル／⑤…タン／⑥…ト／⑦…トゥン／⑧…トン／
⑨…ドゥ

045

子音（平音）

ㅂ

発音 **p/b**

ㅂは「パ行」の音です。
「ㅂ」が単語の先頭以外に出てきたら
「バ行」になります。

♪ TRACK 013

母音「ㅏ(a)」と合わせると…

바 pa
パ

바다 パダ	意味 海	

바나나 パナナ	意味 バナナ	

母音「ㅑ(ya)」と合わせると…

뱌 pya
ピャ

뱌뱌 ピャピャ	意味 バイバイ（「바이바이」を略したネット用語）	

母音「ㅓ(ɔ)」と合わせると…

버 pɔ
ポ

햄버거 ヘムボゴ	意味 ハンバーガー	

어버이날 オボイナル	意味 両親の日	

046

ここまでのおさらい♪ TRACK 014
ハングル読めるかな？

番号で隠れているところの読み方を答えましょう。答えはページの下部にあります。

3 子音を覚えよう②（平音）

밤	방	반
①	②	③
意味 栗	意味 部屋	意味 クラス

발	별	별 명
④	⑤	⑥ ミョン
意味 足	意味 星	意味 ニックネーム

비 밀	벌 써	불 고기
⑦ ミル	⑧ ッソ	⑨ ゴギ
意味 秘密	意味 もうすでに	意味 プルコギ

①…パム／②…パン／③…パン／④…パル／⑤…ピョル／⑥…ピョル／⑦…ピ／⑧…ポル／⑨…プル

ㅅ

子音（平音）

発音 **s**

「ㅅ」は「サ行」の音です。
「ㅅ」は単語のどの位置に出てきても濁音にはなりません。

🎵 TRACK 015

母音「ㅏ(a)」と合わせると…

사
発音 **sa**
サ

| 사탕 サタン | 意味 飴 | |
| 사다리 サダリ | 意味 はしご | |

母音「ㅑ(ya)」と合わせると…

샤
発音 **sya**
シャ

| 샤워 シャウォ | 意味 シャワー | |
| 샴푸 シャムプ | 意味 シャンプー | |

母音「ㅓ(ɔ)」と合わせると…

서
発音 **sɔ**
ソ

| 보고서 ポゴソ | 意味 報告書 | |
| 서랍 ソラプ | 意味 引き出し | |

050

3 子音を覚えよう② (平音)

母音「ㅕ(yɔ)」と合わせると…

発音 셔 syɔ / ショ

- 마셔요 マショヨ / 意味 飲みます
- 셔츠 ショチュ / 意味 シャツ

母音「ㅗ(o)」と合わせると…

発音 소 so / ソ

- 소 ソ / 意味 牛
- 소나기 ソナギ / 意味 夕立

母音「ㅛ(yo)」と合わせると…

発音 쇼 syo / ショ

- 쇼 ショ / 意味 ショー
- 쇼핑 ショピン / 意味 ショッピング

母音「ㅜ(u)」と合わせると…

発音 수 su / ス

- 가수 カス / 意味 歌手
- 수박 スバク / 意味 スイカ

051

ここまでのおさらい♪ 🎵 TRACK 016

ハングル読めるかな？

番号で隠れているところの読み方を答えましょう。答えはページの下部にあります。

3 子音を覚えよう② (平音)

서	울
①	ウル

意味: ソウル（韓国の首都）

산
②

意味: 山

삼
③

意味: 3 (数)

소	설
④	ソル

意味: 小説

수	술
⑤	スル

意味: 手術

시	민
⑥	ミン

意味: 市民

신	문
⑦	ムン

意味: 新聞

소	금
⑧	グム

意味: 塩

설	탕
⑨	タン

意味: 砂糖

①…ソ／②…サン／③…サム／④…ソ／⑤…ス／⑥…シ／⑦…シン／⑧…ソ／⑨…ソル

子音(平音) ㅈ

発音 tʃ/dʒ

「ㅈ」は「チャ行」の音です。
「ㅈ」が単語の先頭以外に出てきたら「ヂャ行」になります。

TRACK 017

母音「ㅏ(a)」と合わせると…

자 発音 tʃa チャ

| 자리 チャリ | 意味 席 | |

| 사자 サヂャ | 意味 ライオン | |

母音「ㅑ(ya)」と合わせると…

쟈 発音 tʃya チャ

| 쟈스민차 チャスミンチャ | 意味 ジャスミン茶 | |

母音「ㅓ(ɔ)」と合わせると…

저 発音 tʃɔ チョ

| 저기 チョギ | 意味 あそこ | |

| 저 チョ | 意味 私 | |

054

ここまでのおさらい♪ ハングル読めるかな？

🎵 TRACK 018

番号で隠れているところの読み方を答えましょう。答えはページの下部にあります。

3 子音を覚えよう②（平音）

자	가용
①	ガヨン

意味 自家用車

남	자
ナム	②

意味 男

여	자
ヨ	③

意味 女

준	비
④	ビ

意味 準備

매	주
メ	⑤

意味 毎週

즐	거움
⑥	ゴウム

意味 楽しさ

짐
⑦

意味 荷物

지	하철
⑧	ハチョル

意味 地下鉄

중	요
⑨	ヨ

意味 重要

①…チャ／②…ヂャ／③…ヂャ／④…チュン／⑤…チュ／⑥…チュル／⑦…チム／⑧…チ／⑨…チュン

子音（平音）

発音 **h**

「ㅎ」は「ハ行」の音です。
「ㅎ」は単語のどの位置に出てきても濁音にはなりません。

♪ TRACK 019

母音「ㅏ(a)」と合わせると…

하 ha
ハ

| 하나 ハナ | 意味 ひとつ | |
| 하루 ハル | 意味 一日 | |

母音「ㅑ(ya)」と合わせると…

햐 hya
ヒャ

| 향수 ヒャンス | 意味 香水 | |
| 방향 パンヒャン | 意味 方向 | |

母音「ㅓ(ɔ)」と合わせると…

허 hɔ
ホ

| 허리 ホリ | 意味 腰 | |
| 허브 ホブ | 意味 ハーブ | |

058

母音「ㅠ(yu)」と合わせると…	휴지 ヒュヂ	意味 ちりがみ
휴 hyu ヒュ 発音	흉 ヒュン	意味 傷
母音「ㅡ(ɯ)」と合わせると…	흐림 フリム	意味 曇り
흐 hɯ フ 発音	흐름 フルム	意味 流れ
母音「ㅣ(i)」と合わせると…	히트 ヒトゥ	意味 大当たり、ヒット
히 hi ヒ 発音	무사히 ムサヒ	意味 無事に

ワンポイントアドバイス

「ㅎ」は、先頭にあっても先頭以外にあっても「ハ行」で発音するのがポイントです。次の「ハングル読めるかな？」でチャレンジしましょう！

> ここまでのおさらい♪

🎵 TRACK 020

ハングル読めるかな？

番号で隠れているところの読み方を答えましょう。答えはページの下部にあります。

3 子音を覚えよう②（平音）

혼	자
①	ヂャ

意味：一人

힘	
②	

意味：力（ちから）

흥	미
③	ミ

意味：興味

하	늘
④	ヌル

意味：空

향	기
⑤	ギ

意味：香り

한	글
⑥	グル

意味：ハングル文字

할	머니
⑦	モニ

意味：おばあさん

현	금
⑧	グム

意味：現金

B	형
ビ	⑨

意味：B型（血液型）

①…ホン／②…ヒム／③…フン／④…ハ／⑤…ヒャン／⑥…ハン／⑦…ハル／⑧…ヒョン／
⑨…ヒョン

COLUMN
有声音化って？

皆さん、韓国料理の「スンドゥブチゲ」をご存じですか。一般的な豆腐よりも、柔らかな純豆腐を使用して作る豆腐のスープです。
一般的な豆腐のことを韓国語で、두부（豆腐）と言います。ところが、純豆腐になると두부（豆腐）の前に순（純）がつくため、清音の두を濁音に変えて순두부（純豆腐）と発音します。このように、清音を濁音にして発音することを**有声音化**と言います。

有声音とは濁音のことで、ハングル文字の中で濁音を持つのは下の4つだけです。

　　ㄱ　ㄷ　ㅂ　ㅈ

これらの文字は、語の先頭にある場合は清音でㄱ(k)、ㄷ(t)、ㅂ(p)、ㅈ(tʃ)と発音しますが、前に母音または鼻音・流音のパッチムがある場合はㄱ(g)、ㄷ(d)、ㅂ(b)、ㅈ(dʒ)と濁音で発音します。

- 前に母音がある場合　　例　두부、고기（肉）
- 前に鼻音のパッチムがある場合　例　순두부
- 前にㄹのパッチムがある場合　例　불고기（プルコギ）

수고하세요.…「おつかれさま。」というねぎらいの意味を持つ言葉。相手が仕事や勉強などを行っているときに用います。店を出るときに、店員さんにこのように声をかける人も多いです。

子音字の成り立ち

子音を表す文字を **子音字** といいます。子音字は、声を出すときの発音器官をかたどってつくられたものなので、文字の形から発音をイメージしやすくなっています。

それは、ハングル文字の成り立ちにも関係があります。この文字は朝鮮王朝第4代目の세종대왕（世宗大王）が、字が読めない民のために分かりやすい文字を1443年に完成させたものです。

子音字は、まず基本となる「ㄱ、ㄴ、ㅁ、ㅅ、ㅇ」がつくられ、さらに音が強くなるにしたがい、一画を加えて文字がつくられています。

★ 子音字

牙音 （がおん）	ㄱ [k]、ㅋ [kʰ]	上あごの天井の奥に舌の奥をつけて喉をふさぐ形
舌音 （ぜつおん）	ㄴ [n]、ㄷ [t]、ㅌ [tʰ]、ㄹ [r]	舌先が上歯の裏の歯茎についた形
唇音 （しんおん）	ㅁ [m]、ㅂ [p]、ㅍ [pʰ]	口の形
歯音 （しおん）	ㅅ [s]、ㅈ [tʃ]、ㅊ [tʃʰ]	歯の形
喉音 （こうおん）	ㅇ [ø]、ㅎ [h]	声門（喉）を開く形

例えば、舌音の「ㄴ、ㄷ、ㅌ、ㄹ」はすべて、舌先を歯茎に触れさせて音を出すため、文字の形には共通して「ㄴ」が入っています。それは、発音するときの舌の形を表しています。

また、唇音の「ㅁ、ㅂ、ㅍ」は、唇を軽く閉じてから唇を用いて音を出すことを表します。文字の形も似ています。

これらのハングル文字は、1446年に훈민정음（訓民正音）という名前で頒布しました。訓民正音とは「民に訓える正しき音」という意味です。世宗大王は、文字についての解説書『訓民正音』を残し、『訓民正音』は1997年にユネスコ世界記憶遺産に登録されました。

065

子音（激音）

ㅋ

発音 k^h

「ㅋ」は強い息を伴う「カ行」の音です。濁音はなく澄んだ音で、強く息を出しながら発音します。

♪ TRACK 021

母音「ㅏ(a)」と合わせると…

카 発音 $k^h a$ カ

- 카드 カドゥ — 意味 カード
- 카메라 カメラ — 意味 カメラ

母音「ㅑ(ya)」と合わせると…

캬 発音 $k^h ya$ キャ

- 밀크 ミルク
- 캬라멜 キャラメル — 意味 ミルクキャラメル

母音「ㅓ(ɔ)」と合わせると…

커 発音 $k^h ɔ$ コ

- 커요 コヨ — 意味 大きいです
- 커피 コピ — 意味 コーヒー

子音（激音）

ㅌ

発音 tʰ

「ㅌ」は強い息を伴う「タ行」の音です。濁音はなく澄んだ音で、強く息を出しながら発音します。

♪ TRACK 022

4 子音を覚えよう③（激音、濃音）

母音「ㅏ(a)」と合わせると…

타
発音 tʰa
タ

- 타요（タヨ） 意味: 乗ります
- 타자（タヂャ） 意味: バッター、打者

母音「ㅑ(ya)」と合わせると…

탸
発音 tʰya
ティヤ

このハングルを使った一般的な語はありません

母音「ㅓ(ɔ)」と合わせると…

터
発音 tʰɔ
ト

- 버터（ポト） 意味: バター
- 터부（トブ） 意味: タブー

069

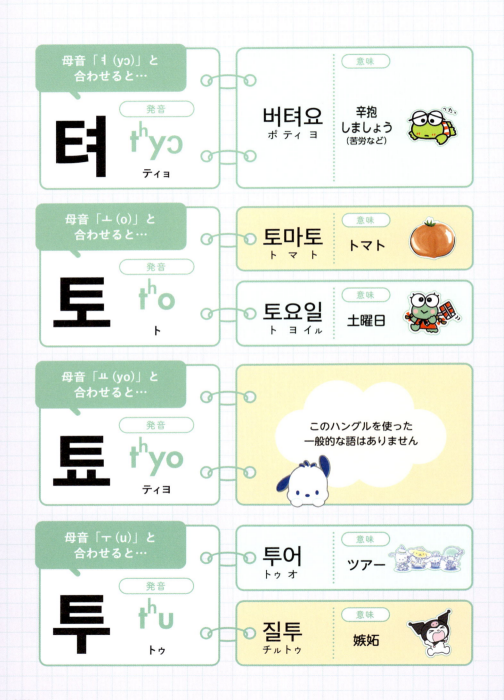

4 子音を覚えよう③（激音、濃音）

母音「ㅠ(yu)」と合わせると…

튜　t^hyu　テュ

- 유튜버（ユ テュ ボ）　意味：ユーチューバー
- 스튜디오（ス テュディ オ）　意味：スタジオ

母音「ㅡ(ɯ)」と合わせると…

트　$t^hɯ$　トゥ

- 마트（マ トゥ）　意味：マート
- 트럭（トゥロク）　意味：トラック

母音「ㅣ(i)」と合わせると…

티　t^hi　ティ

- 티브이（ティ ブ イ）　意味：テレビ
- 티켓（ティケッ）　意味：チケット

ワンポイントアドバイス

子音（激音）「ㅌ」を使った単語のうち、例えば、타であればㅌに息を加えながら続けてㅏを言います。ㅌ＋息＋ㅏのイメージで発音するのがポイントです。

子音（激音）

発音 p^h

「ㅍ」は強い息を伴う「パ行」の音です。濁音はなく澄んだ音で、強く息を出しながら発音します。

TRACK 023

母音「ㅏ(a)」と合わせると…

発音 파 p^ha
パ

파
パ

意味 ねぎ

파티
パ ティ

意味 パーティー

母音「ㅑ(ya)」と合わせると…

発音 퍄 p^hya
ピャ

このハングルを使った一般的な語はありません

母音「ㅓ(ɔ)」と合わせると…

発音 퍼 $p^hɔ$
ポ

슈퍼스타
シュ ポ スタ

意味 スーパースター

퍼즐
ポ ヂュル

意味 パズル

072

子音（激音）

ㅊ

発音 tɕʰ

「ㅊ」は強い息を伴う「チャ行」の音です。濁音はなく澄んだ音で、強く息を出しながら発音します。

🎵 TRACK 024

母音「ㅏ(a)」と合わせると…

차 発音 tɕʰa
チャ

차	意味
チャ	お茶

자동차	意味
チャドンチャ	自動車

母音「ㅑ(ya)」と合わせると…

챠 発音 tɕʰya
チャ

챠밍	意味
チャミン	チャーミング

母音「ㅓ(ɔ)」と合わせると…

처 発音 tɕʰɔ
チョ

상처	意味
サンチョ	傷

서브컬처	意味
ソブ コルチョ	サブカルチャー

4 子音を覚えよう③（激音、濃音）

075

母音「ㅕ(yɔ)」と合わせると…

쳐
発音 tʃʰyɔ
チョ

가르쳐 주세요	意味
カルチョヂュセヨ	教えてください

쳐다봐요	意味
チョダボァヨ	じっと見ます

母音「ㅗ(o)」と合わせると…

초
発音 tʃʰo
チョ

초대	意味
チョデ	招待

초콜릿	意味
チョコルリッ	チョコレート

母音「ㅛ(yo)」と合わせると…

쵸
発音 tʃʰyo
チョ

このハングルを使った一般的な語はありません

母音「ㅜ(u)」と合わせると…

추
発音 tʃʰu
チュ

고추	意味
コチュ	唐辛子

추가	意味
チュガ	追加

ワンポイントアドバイス

子音（激音）「ㅊ」を使った単語のうち、例えば、차であればㅊに息を加えながら続けてㅏを言います。ㅊ＋息＋ㅏのイメージで発音するのがポイントです。

ここまでのおさらい♪ 🎵 TRACK 025
ハングル読めるかな？

番号で隠れているところの読み方を答えましょう。答えはページの下部にあります。

코코아	선크림	출발
① ア	ソン ② リム	③ バル
意味 ココア 	**意味** 日焼け止め 	**意味** 出発 

퍼즐	샴푸	프로필
④ ヂュル	シャム ⑤	プ ロ ⑥
意味 パズル 	**意味** シャンプー 	**意味** プロフィール 

유자차	키위	데이터
ユ ヂャ ⑦	⑧ ウィ	デ イ ⑨
意味 ゆず茶 	**意味** キウィフルーツ 	**意味** データ、資料 

①…ココ／②…ク／③…チュル／④…ポ／⑤…プ／⑥…ピル／⑦…チャ／⑧…キ／⑨…ト

子音（濃音）

ㄲ

発音 ˀk

「ㄲ」は詰まった「ッカ行」の音です。濁音はなく、前に「ッ」があるイメージで発音します。

TRACK 026

4 子音を覚えよう③（激音、濃音）

母音「ㅏ(a)」と合わせると…

까
発音 ˀka
ッカ

| 아까 アッカ | 意味 さっき |

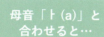

| 깔깔 ッカルッカル | 意味 けらけら（笑い声） |

母音「ㅑ(ya)」と合わせると…

꺄
発音 ˀkya
ッキャ

| 꺄르르 ッキャルル | 意味 きゃはは（笑い声） |

母音「ㅓ(ɔ)」と合わせると…

꺼
発音 ˀkɔ
ッコ

| 꺼요 ッコヨ | 意味 (明かりなどを)消します |

| 껄껄 ッコルッコル | 意味 げらげら（笑い声） |

子音（濃音） ㄸ

発音

ㄸは詰まった「ッタ行」の音です。濁音はなく、前に「ッ」があるイメージで発音します。

♪ TRACK 027

母音「ㅏ(a)」と合わせると…

ㄸㅏ 発音 ?ta
ッタ

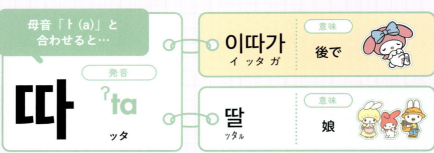

| 이따가 イッタガ | 意味 後で |
| 딸 ッタル | 意味 娘 |

母音「ㅑ(ya)」と合わせると…

ㄸㅑ 発音 ?tya
ッティャ

| 땨룽해 ッティャルン エ | 意味 愛してるよ（「사랑해」のネット用語） |

母音「ㅓ(ɔ)」と合わせると…

ㄸㅓ 発音 ?tɔ
ット

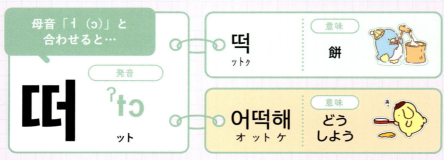

| 떡 ットク | 意味 餅 |
| 어떡해 オットケ | 意味 どうしよう |

082

子音(濃音)

発音 ?p

ㅃは詰まった「ッパ行」の音です。濁音はなく、前に「ッ」があるイメージで発音します。

TRACK 028

4 子音を覚えよう③（激音、濃音）

母音「ㅏ(a)」と合わせると…

発音 ?pa

빠 ッパ

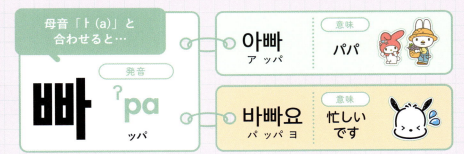

| 아빠 アッパ | 意味 パパ |
| 바빠요 パッパヨ | 意味 忙しいです |

母音「ㅑ(ya)」と合わせると…

発音 ?pya

뺘 ッピャ

| 뺨 ッピャム | 意味 頬 |

母音「ㅓ(ɔ)」と合わせると…

発音 ?pɔ

뻐 ッポ

| 기뻐요 キッポヨ | 意味 嬉しいです |
| 뻐꾸기 ッポックギ | 意味 カッコウ（鳥） |

085

ワンポイントアドバイス

子音（濃音）「ㅃ」を使った単語のうち、詰まった音が発音しにくい場合は、声の高さを少し上げると発音しやすくなります。

子音（濃音）

発音 ˀs

「ㅆ」は詰まった「ッサ行」の音です。濁音はなく、前に「ッ」があるイメージで発音します。

TRACK 029

母音「ㅏ(a)」と合わせると…

싸 発音 ˀsa ッサ

| 비싸요 ピッサヨ | 意味 （値段が）高いです |
| 싸움 ッサウム | 意味 けんか |

母音「ㅑ(ya)」と合わせると…

쌰 発音 ˀsya ッシャ

このハングルを使った一般的な語はありません

母音「ㅓ(ɔ)」と合わせると…

써 発音 ˀsɔ ッソ

| 써 봐요 ッソ ボァ ヨ | 意味 使ってみてください |
| 써요 ッソ ヨ | 意味 書きます |

子音（濃音）

ㅉ

発音 ?ʧ

「ㅉ」は詰まった「ッチャ行」の音です。濁音はなく、前に「ッ」があるイメージで発音します。

♪ TRACK 030

4 子音を覚えよう③（激音、濃音）

母音「ㅏ(a)」と合わせると…

짜 発音 ?ʧa
ッチャ

짜요 ッチャ ヨ	意味 塩辛いです	
짜증 ッチャヂュン	意味 いら立ち	

母音「ㅑ(ya)」と合わせると…

쨔 発音 ?ʧya
ッチャ

このハングルを使った一般的な語はありません

母音「ㅓ(ɔ)」と合わせると…

쩌 発音 ?ʧɔ
ッチョ

어쩌지 オ ッチョ ヂ	意味 どうしよう	
어쩌다가 オ ッチョ ダ ガ	意味 偶然に	

091

母音「ㅓ(yɔ)」と合わせると…	발음 **쩌** ?tʃyɔ ッチョ	살쪄요 サルッチョヨ	意味 太りますよ
		쩌서 먹어요 ッチョソ モゴヨ	意味 蒸して食べます

母音「ㅗ(o)」と合わせると…	発音 **쪼** ?tʃo ッチョ	쪼글쪼글 ッチョグルッチョグル	意味 しわくちゃ
		쫄깃쫄깃 ッチョルギッツチョルギッ	意味 コリコリ（食感）

母音「(ㅛ(yo)」と合わせると…	発音 **쬬** ?tʃyo ッチョ		このハングルを使った一般的な語はありません

母音「ㅜ(u)」と合わせると…	発音 **쭈** ?tʃu ッチュ	쭈꾸미 ッチュックミ	意味 イイダコ
		쭈르륵 ッチュルルク	意味 ぽたぽた

ワンポイントアドバイス

子音（濃音）「ㅉ」を使った単語のうち、詰まった音が発音しにくい場合は、声の高さを少し上げると発音しやすくなります。

ここまでのおさらい♪ 🎵 TRACK 031

ハングル読めるかな？

番号で隠れているところの読み方を答えましょう。答えはページの下部にあります。

딸	기
①	ギ

意味　いちご

빵
②

意味　パン

모	쪼	록
モ	③	ロク

意味　なにとぞ、くれぐれも

코	끼	리
コ	④	リ

意味　ゾウ

활	쏘	기
ファル	⑤	ギ

意味　弓術

떨	리	다
⑥	リ	ダ

意味　震える、緊張する

꺼	풀
⑦	プル

意味　まぶた

예	쁘	다
イェ	⑧	ダ

意味　きれいだ、かわいい

싸	요
⑨	ヨ

意味　安いです

①…ッタル／②…ッパン／③…ッチョ／④…ッキ／⑤…ッソ／⑥…ットル／
⑦…ッコ／⑧…ップ／⑨…ッサ

094

응원해！…「応援しているよ！」という意味を持つ言葉。いつもあなたを想っているという気持ちをダイレクトに伝えられます。大好きな推しに、この言葉を贈ると喜ばれます。

複合母音

1章で学んだ母音字を合体させることで複合母音字ができあがります。

TRACK 032

ワンポイントアドバイス

ㅐはㅔのように日本語の「エ」に近く発音することがふつうです。子音がㅇ、ㄹ以外のㅒとㅖも、ㅔ（e「エ」）と発音されます。ㅙ、ㅚ、ㅞは事実上区別されずwe「ウェ」と発音されます。

ここまでのおさらい♪

🎵 TRACK 033

ハングル読めるかな？

番号で隠れているところの読み方を答えましょう。答えはページの下部にあります。

개	게	새 우
①	②	③ ウ
意味 犬	意味 カニ	意味 えび

세 계	시 계	사 과
セ ④	シ ⑤	サ ⑥
意味 世界	意味 時計	意味 りんご

취 미	회 의	과 일
⑦ ミ	⑧ イ	⑨ イル
意味 趣味	意味 会議	意味 くだもの

①…ケ／②…ケ／③…セ／④…ゲ／⑤…ゲ／⑥…グヮ／⑦…チュイ／⑧…フェ／⑨…クヮ

집중！…「集中！」という意味を持つ言葉。集中力を失ってしまっている友人や自分に対して、がんばれと鼓舞する目的で用います。応援の気持ちを込めて使いましょう。

詰まる（口音）パッチム

ここでは、2章で学んだ鼻音「ン」のパッチム ㅇ〔ŋ〕、ㄴ〔n〕、ㅁ〔m〕や、流音のパッチム ㄹ〔l〕以外のパッチムを学びます。
3章と4章で学んだ子音（ㅃ、ㄸ、ㅉ以外）をパッチムの位置で読む場合、〔k〕、〔t〕、〔p〕いずれかの発音になります。

ㄱ型〔k〕

発音のコツ

喉の奥で「ク」と声を出す直前で音を止めるので、
口が自然に開いたまま発音を終えます。

ㄱ 例 ㅂ〔p〕＋ ㅏ〔a〕＋ ㄱ〔k〕＝ 박〔paᵏ〕(パク)
ㅋ 例 ㅂ〔p〕＋ ㅏ〔a〕＋ ㅋ〔k〕＝ 밬〔paᵏ〕(パク)
ㄲ 例 ㅂ〔p〕＋ ㅏ〔a〕＋ ㄲ〔k〕＝ 밖〔paᵏ〕(パク)

練習　TRACK 034

読んでみましょう。

| 책 | 発音：チェク
意味：本 | 부엌 | 発音：プオク
意味：台所 |
| 밖 | 発音：パク
意味：外 | 녹차 | 発音：ノクチャ
意味：緑茶 |

ㄷ型 [t]

発音のコツ
「ツ」と声を出す直前で止めるので、舌先が歯の裏の歯茎に触れたまま発音を終えます。

ㄷ	例	ㄴ [n]	+	ㅏ [a]	+	ㄷ [t]	=	낟 [naᵗ]
ㅅ	例	ㄴ [n]	+	ㅏ [a]	+	ㅅ [t]	=	낫 [naᵗ]
ㅆ	例	ㄴ [n]	+	ㅏ [a]	+	ㅆ [t]	=	났 [naᵗ]
ㅈ	例	ㄴ [n]	+	ㅏ [a]	+	ㅈ [t]	=	낮 [naᵗ]
ㅊ	例	ㄴ [n]	+	ㅏ [a]	+	ㅊ [t]	=	낯 [naᵗ]
ㅌ	例	ㄴ [n]	+	ㅏ [a]	+	ㅌ [t]	=	낱 [naᵗ]
ㅎ	例	ㄴ [n]	+	ㅏ [a]	+	ㅎ [t]	=	낳 [naᵗ]

6 パッチムと発音の変化

練習

🎵 TRACK 035

読んでみましょう。

곧	発音：コッ	意味：すぐ

끝	発音：ックッ	意味：終わり

옷	発音：オッ	意味：服

있다	発音：イッタ	意味：ある、いる

낮	発音：ナッ	意味：昼間

빛	発音：ピッ	意味：光

히읗	発音：ヒウッ	意味：子音字「ㅎ」の名称

그릇	発音：クルッ	意味：皿

숟가락	発音：スッカラク	意味：スプーン

젓가락	発音：チョッカラク	意味：箸（はし）

ㅂ型〔ᵖ〕

発音のコツ
「プ」と声を出す直前で止めるので、
口を閉じて発音を終えます。

ㅂ　例　ㅇ + ㅣ + ㅂ〔p〕= 입〔iᵖ〕(イプ)
ㅍ　例　ㅇ + ㅣ + ㅍ〔p〕= 잎〔iᵖ〕(イプ)

練習　TRACK 036

読んでみましょう。

입	発音：イプ 意味：口		앞	発音：アプ 意味：前
밥	発音：パプ 意味：ご飯		무릎	発音：ムルプ 意味：膝（ひざ）

6 パッチムと発音の変化

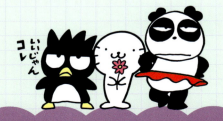

複合パッチム

子音	母音
子音	子音

2つの子音字からなるパッチムは、どちらか1つを代表音として選んで読みます。ほとんどは、左側を読み、例外の4つだけが右側を読みます。

ㄳ、ㄵ、ㄶ、ㄼ、ㄽ、ㄾ、ㅀ、ㅄ
→ 左の子音字を読む

ㄺ、ㄻ、ㄿ、*밟다(踏む)のみ
→ 右の子音字を読む

＊ㄼは通常左のㄹを発音しますが、밟다（パプタ）（踏む）の場合は右のㅂを発音します。

練習　　　　　　　　　　　　　　TRACK 037

読んでみましょう。

닭　発音：タㇰ
　　意味：鶏（にわとり）

값　発音：カプ
　　意味：値段

여덟　発音：ヨドゥル
　　　意味：8

パッチムのまとめ

パッチムの音は全部で7つあり、□で囲んでいるのが代表の文字です。

発音するときの 口の形	詰まる音 (口音)	響く音 (鼻音・流音)
口が自然に開く	ㄱ [k] ㄲ、ㅋ、ㄳ、ㄺ	ㅇ [ŋ]
舌を歯茎につける	ㄷ [t] ㅌ、ㅈ、ㅊ、ㅅ、ㅆ、ㅎ	ㄴ [n] ㄵ、ㄶ
		ㄹ [l] ㄼ、ㄾ、ㅀ
唇を閉じる	ㅂ [p] ㅍ、ㅄ、ㄿ、밟다(踏む)	ㅁ [m] ㄻ

発音のコツ

❀ パッチムは1字1拍で発音します。

　例 각 はカク〔kaku〕ではなく、カㇰ〔kaᵏ〕です。

❀「口が自然に開く」とは、上あごの奥を舌の奥でふさぐようにするため、唇は自然と開いて発音を終え、詰まる音のㄱ〔k〕と、鼻から息を抜きながらㅇ〔ŋ〕を発音するときの口の形になるということです。

❀「舌を歯茎につける」とは、舌先を上歯の裏の歯茎に触れたまま発音を終え、詰まる音のㄷ〔t〕と、息を出しながらㄴ〔n〕と、ㄹ〔l〕を発音するときの口の形になるということです。

❀「唇を閉じる」とは、唇を閉じて発音を終え、詰まる音のㅂ〔p〕と、鼻から息を抜きながらㅁ〔m〕を発音するときの口の形になるということです。

連音化

TRACK 038

パッチムを移動させて読んだり、パッチムがあるのに発音しなかったりすることがあります。韓国語の特徴のひとつです。

パッチムがあるハングルの隣が、子音字「ㅇ」で始まっている場合、パッチムは「ㅇ」の位置に移って発音されます。

例 단어　意味：単語　発音：タノ

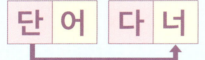

練習

読んでみましょう。

한국어　意味：韓国語
→ [한구거]　発音：ハングゴ

일본어　意味：日本語
→ [일보너]　発音：イルボノ

웃어요　意味：笑います
→ [우서요]　発音：ウソヨ

> **TRACK 039**

同じ文字が２つ重なるパッチムの場合は、２つとも「ㅇ」の位置に移って発音します。

例　겪어요　意味：経験します
　　→［겨꺼요］　発音：キョッコヨ

練習

読んでみましょう。

있어요　意味：あります、います
→［이써요］　発音：イッソヨ

깎아 주세요　意味：安くしてください
→［까까 주세요］　発音：ッカッカ　ヂュセヨ

> **TRACK 040**

パッチムが「ㅇ」の場合は連音化せず、そのまま発音されます。

例　종이　意味：紙
　　→［종이］　発音：チョンイ

練習

読んでみましょう。

강아지　意味：子犬
→［강아지］　発音：カンアヂ

TRACK 041

複合パッチムの場合、右側の子音字が「ㅇ」の位置に移動して発音されます。

例 앉으세요　意味：座ってください
→ [안즈세요]　　発音：アンヂュセヨ

練習

読んでみましょう。

밝아요　意味：明るいです
→ [발가요]　発音：パルガヨ

젊은이　意味：若者
→ [절므니]　発音：チョルムニ

問題

TRACK 042

下の（1）～（6）の韓国語を読んでみましょう。

（1）발음　　意味：発音　　（2）금요일　意味：金曜日
（3）병아리　意味：ヒヨコ　（4）읽어요　意味：読みます
（5）볶음밥　意味：チャーハン　（6）편의점　意味：コンビニ

……………………………………………………………………

答え
（1）パルム　（2）クミョイル　（3）ピョンアリ
（4）イルゴヨ　（5）ポックムパプ　（6）ピョニヂョム

110

ㅎパッチムの消音化

🎵 TRACK 043

「ㅎ」パッチムの隣に「ㅇ」がくると「ㅎ」の音が消えます。

例 좋아요　意味：良いです　発音：チョアヨ

練習

読んでみましょう。
놓아요　意味：置きます → [노아요]　発音：ノアヨ

🎵 TRACK 044

複合パッチムに「ㅎ」が含まれている場合も「ㅎ」は発音されず、左側のパッチムが「ㅇ」の位置に移動して発音されます。

例 싫어요　意味：嫌です
　→ [시러요]　発音：シロヨ

練習

読んでみましょう。
끊어요　意味：切ります（電話など） → [끄너요]　発音：ックノヨ

鼻音化

ㄴ、ㅁ（鼻音）は自然に鼻に空気が通り響かせて発音する音ですが、その前に、気息を詰まらせる音のパッチムㄱ型、ㄷ型、ㅂ型があると、後ろのㄴ、ㅁ（鼻音）は発音しづらくなってしまいます。

したがって、ㄱ型、ㄷ型、ㅂ型をそれぞれ、鼻音「ン」のパッチムㅇ、ㄴ、ㅁに変えることを**鼻音化**と言います。発音するときは、107ページにある「口の形」が同じものどうしで変化します。
よって、ㄱ型→ㅇ、ㄷ型→ㄴ、ㅂ型→ㅁ となります。

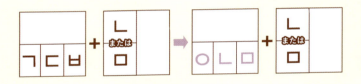

練習

読んでみましょう。

막내　意味：末っ子
→［망내］　発音：マンネ

몇 명　意味：何名　※몇（몃）はㄷ型のパッチム
→［면명］　発音：ミョンミョン

입니다　意味：～です
→［임니다］　発音：イムニダ

濃音化

ㄱ、ㄷ、ㅂ、ㅈ（平音）は単語の先頭以外では濁音として発音します（有声音化）。しかし、その前に詰まるパッチムㄱ型、ㄷ型、ㅂ型がある場合は、それらが詰まるという影響を受けて、ㄱ、ㄷ、ㅂ、ㅈ、ㅅ（平音）をそれぞれ、気息の詰まる**濃音**ㄲ、ㄸ、ㅃ、ㅉ、ㅆに変えて、濁らずに発音します。

練習　　TRACK 046

読んでみましょう。

학교　意味：学校
→ ［학꾜］　発音：ハクキョ

몇 잔　意味：何杯
→ ［멷짠］　発音：ミョッチャン

잡지　意味：雑誌
→ ［잡찌］　発音：チャプチ

問題　　TRACK 047

下の（1）〜（4）の韓国語を読んでみましょう。

（1）약속　意味：約束　　（2）식당　意味：食堂
（3）입구　意味：入口　　（4）옷장　意味：洋服ダンス

答え
（1）ヤクソク　（2）シクタン　（3）イプク　（4）オッチャン

6 パッチムと発音の変化

激音化

ㄱ、ㄷ、ㅂ、ㅈの前後に「ㅎ」があると、平音がそれぞれ**激音**ㅋ、ㅌ、ㅍ、ㅊの発音に変わります。なぜなら「ㅎ」は、自然に息が多く出てしまう音だからです。

★ ㄱ、ㄷ、ㅂ、ㅈがパッチムの場合

① ㅎ の音がほとんどなくなるのでパッチムが移動する。

② パッチムの音と息が合わさり激音になる。

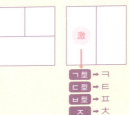

練習　TRACK 048

読んでみましょう。

입학　意味：入学
→ [이팍]　発音：イパク

축하해요　意味：おめでとうございます
→ [추카해요]　発音：チュカヘヨ

부탁해요　意味：お願いします
→ [부타캐요]　発音：プタケヨ

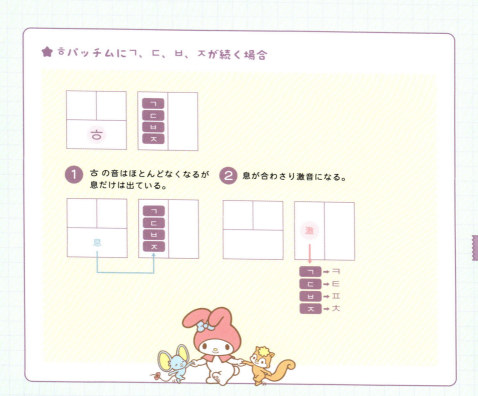

練習

TRACK 049

読んでみましょう。

좋지요?　意味：良いですよね。

→［조치요］　発音：チョチヨ

괜찮다　意味：大丈夫だ

→［괜찬타］　発音：クェンチャンタ

싫다　意味：嫌だ

→［실타］　発音：シルタ

日本語のハングル表記

かな	ハングル 1文字目	ハングル 2文字目以降
ア イ ウ エ オ	아 이 우 에 오	
カ キ ク ケ コ	가 기 구 게 고	카 키 쿠 케 코
サ シ ス セ ソ	사 시 스 세 소	
タ チ ツ テ ト	다 지 쓰 데 도	타 치 쓰 테 토
ナ ニ ヌ ネ ノ	나 니 누 네 노	
ハ ヒ フ ヘ ホ	하 히 후 헤 호	
マ ミ ム メ モ	마 미 무 메 모	
ヤ ユ ヨ	야 유 요	
ラ リ ル レ ロ	라 리 루 레 로	
ワ ヲ	와 오	
ン	ㄴ	
ッ	ㅅ	
ガ ギ グ ゲ ゴ	가 기 구 게 고	
ザ ジ ズ ゼ ゾ	자 지 즈 제 조	
ダ ヂ ヅ デ ド	다 지 즈 데 도	
バ ビ ブ ベ ボ	바 비 부 베 보	
パ ピ プ ペ ポ	파 피 푸 페 포	
キャ キュ キョ	갸 규 교	캬 큐 쿄
シャ シュ ショ	샤 슈 쇼	
チャ チュ チョ	자 주 조	차 추 초
ニャ ニュ ニョ	냐 뉴 뇨	
ヒャ ヒュ ヒョ	햐 휴 효	
ミャ ミュ ミョ	먀 뮤 묘	
リャ リュ リョ	랴 류 료	
ギャ ギュ ギョ	갸 규 교	
ジャ ジュ ジョ	자 주 조	
ヂャ ヂュ ヂョ	자 주 조	
ビャ ビュ ビョ	뱌 뷰 뵤	
ピャ ピュ ピョ	퍄 퓨 표	

116

日本語の「かな」50音をハングルで表記する際のポイントは以下の通りです。

- ア、イ、ウ、エ、オの各段は基本ㅏ、ㅣ、ㅜ、ㅔ、ㅗで表す。
  （例外は「ス」스、「ツ」쓰、「ズ、ヅ」즈の場合「ㅡ」になる）

  例 うえだ みそら 우에다 미소라

- ザ、ジ、ズ、ゼ、ゾにあたる韓国語は「ㅈ」で表す。

  例 すずき かずま 스즈키 가즈마

- 先頭の清音は平音で、先頭以外の清音は激音で表す。

  例 こばやし ゆみこ 고바야시 유미코

- 濁音は語頭、語中にかかわらず平音で表す。

  例 ごとう だいすけ 고토 다이스케

- 撥音「ん」はパッチム「ㄴ」で表す。

  例 こんどう まりん 곤도 마린

- 促音「っ」はパッチム「ㅅ」で表す。

  例 ほった りょうへい 홋타 료헤이

- 長母音は表記しない。

  例 さとう みか 사토 미카

自分の名前を書いてみましょう。

117

「ハングル」の表

母音 / 子音	ㅏ [a]	ㅑ [ya]	ㅓ [ɔ]	ㅕ [yɔ]	ㅗ [o]	ㅛ [yo]	ㅜ [u]	ㅠ [yu]	ㅡ [ɯ]	ㅣ [i]
ㄱ [k/g]	가 カ	갸 キャ	거 コ	겨 キョ	고 コ	교 キョ	구 ク	규 キュ	그 ク	기 キ
ㄴ [n]	나 ナ	냐 ニャ	너 ノ	녀 ニョ	노 ノ	뇨 ニョ	누 ヌ	뉴 ニュ	느 ヌ	니 ニ
ㄷ [t/d]	다 タ	댜 ティャ	더 ト	뎌 ティョ	도 ト	됴 ティョ	두 トゥ	듀 ティュ	드 トゥ	디 ティ
ㄹ [r]	라 ラ	랴 リャ	러 ロ	려 リョ	로 ロ	료 リョ	루 ル	류 リュ	르 ル	리 リ
ㅁ [m]	마 マ	먀 ミャ	머 モ	며 ミョ	모 モ	묘 ミョ	무 ム	뮤 ミュ	므 ム	미 ミ
ㅂ [p/b]	바 パ	뱌 ピャ	버 ポ	벼 ピョ	보 ポ	뵤 ピョ	부 プ	뷰 ピュ	브 プ	비 ピ
ㅅ [s]	사 サ	샤 シャ	서 ソ	셔 ショ	소 ソ	쇼 ショ	수 ス	슈 シュ	스 ス	시 シ

母音 子音	ㅏ [a]	ㅑ [ya]	ㅓ [ɔ]	ㅕ [yɔ]	ㅗ [o]	ㅛ [yo]	ㅜ [u]	ㅠ [yu]	ㅡ [ɯ]	ㅣ [i]
ㅇ [ø]	아 ア	야 ヤ	어 オ	여 ヨ	오 オ	요 ヨ	우 ウ	유 ユ	으 ウ	이 イ
ㅈ [tʃ/dʒ]	자 チャ	쟈 チャ	저 チョ	져 チョ	조 チョ	죠 チョ	주 チュ	쥬 チュ	즈 チュ	지 チ
ㅊ [tʃʰ]	차 チャ	챠 チャ	처 チョ	쳐 チョ	초 チョ	쵸 チョ	추 チュ	츄 チュ	츠 チュ	치 チ
ㅋ [kʰ]	카 カ	캬 キャ	커 コ	켜 キョ	코 コ	쿄 キョ	쿠 ク	큐 キュ	크 ク	키 キ
ㅌ [tʰ]	타 タ	탸 ティャ	터 ト	텨 ティョ	토 ト	툐 ティョ	투 トゥ	튜 ティュ	트 トゥ	티 ティ
ㅍ [pʰ]	파 パ	퍄 ピャ	퍼 ポ	펴 ピョ	포 ポ	표 ピョ	푸 プ	퓨 ピュ	프 プ	피 ピ
ㅎ [h]	하 ハ	햐 ヒャ	허 ホ	혀 ヒョ	호 ホ	효 ヒョ	후 フ	휴 ヒュ	흐 フ	히 ヒ

Staff

著者	丹羽裕美
編集協力	株式会社カルチャー・プロ（中村淳一） 田中ほのか、保谷恵那、野村梓
校正	石川ちえみ、藤塚友理奈、尹 瑞伶
装丁デザイン	西垂水敦・内田裕乃（krran）
本文デザイン	岡部夏実（Isshiki）
DTP	八木麻祐子（Isshiki）
音声収録・編集	一般財団法人 英語教育協議会（ELEC）
企画編集	中村円佳

サンリオキャラクターズと韓国語スタートブック
ハングルを読めるようになろう！

2025 年 4 月 29 日　第 1 刷発行

発行人	川畑勝
編集人	安田潤
編集長	野村純也
編集担当	中村円佳
発行所	株式会社 Gakken 〒 141-8416 東京都品川区西五反田 2-11-8
印刷所	大日本印刷株式会社
加工所	株式会社大和紙工業

© 2025 SANRIO CO., LTD. TOKYO, JAPAN Ⓗ

【この本に関する各種お問い合わせ先】
・本の内容については、下記サイトのお問い合わせフォームよりお願いします。
　https://www.corp-gakken.co.jp/contact/
・在庫については
　Tel 03-6431-1197（販売部）
・不良品（落丁、乱丁）については
　Tel 0570-000577
　学研業務センター　〒 354-0045 埼玉県入間郡三芳町上富 279-1
・上記以外のお問い合わせは
　Tel 0570-056-710（学研グループ総合案内）

・本書の無断転載、複製、複写（コピー）、翻訳を禁じます。
・本書を代行業者等の第三者に依頼してスキャンやデジタル化することは、たとえ
　個人や家庭内の利用であっても、著作権法上、認められておりません。
・学研グループの書籍・雑誌についての新刊情報・詳細情報は、下記をご覧ください。
　学研出版サイト https://hon.gakken.jp/